Mein liebster Geschichtenschatz zu Weihnachten

Die 5 schönsten Bilderbücher zum Vorlesen

© 2012 NordSüd Verlag AG, CH-8005 Zürich
Alle Rechte, auch die der auszugsweisen Vervielfältigung,
gleich durch welche Medien, vorbehalten
Coverillustration: Frauke Weldin
Gestaltung: Esther Hostettler
Lithografie: Photolitho AG, Schweiz
Druck und Bindung: Offizin Andersen Nexö Leipzig GmbH,
Zwenkau, Deutschland

ISBN 978-3-314-10113-7

www.nord-sued.com

Mein liebster Geschichtenschatz zu Weihnachten

Die **5** schönsten Bilderbücher zum Vorlesen

NordSüd

Inhaltsverzeichnis

Brigitte Weninger · Eve Tharlet

Fröhliche
Weihnachten
PAULI

Es war kurz vor Weihnachten. Über dem Land lag eine dicke
Schneedecke, aber im Kaninchenbau war es warm und gemütlich.
Papa Kaninchen saß im Lehnstuhl und erzählte seinen Kindern
vom Weihnachtsmann.
»Wisst ihr nun, worüber sich der Weihnachtsmann besonders freut?«
»Ja!«, sagte Pauli. »Er freut sich, wenn wir anderen helfen.«
»Und wenn wir teilen!«, riefen Manni und Lina.
»Und wenn wir uns lieb haben«, fügte der große Max hinzu.
»Ich sehe, dass ihr gut aufgepasst habt!«, sagte Papa lachend.
»Und nun ab in die Betten!«

Am nächsten Tag kam Pauli früh nach Hause. Es war
so kalt, dass er nicht länger draußen sein mochte.
Nun saß er mit seinem Spielkaninchen Nickel am Fenster
und wartete auf Mama, Papa und seine Geschwister.
Da sah Pauli ein winziges Vögelchen. Es hüpfte hierhin
und dorthin und wühlte mit seinem Schnabel im Schnee.
»Schau, Nickel, es sucht Futter«, sagte Pauli, »aber der Schnee
ist so tief, dass es nichts finden wird. Armes Vögelchen!«
Pauli bemerkte, dass ringsum noch mehr Vögel saßen.
Alle hatten sie als Schutz gegen die Kälte ein dick
aufgeplustertes Federkleid und alle hatten hungrige Augen.

Pauli fiel ein, was Papa gestern Abend gesagt hatte:
»Der Weihnachtsmann freut sich, wenn wir andern helfen!«
»Ich werde den Vögeln Futter bringen!«, rief Pauli.
Sofort rannte er in die Speisekammer und sah sich um.
Da, die Getreidekörner, die würden den Vögeln schmecken!

Pauli hob den schweren Topf vom Regal und schleppte ihn
hinaus in den Schnee.

Doch wo sollte er die Körner hinbringen, damit sie nicht
zugeschneit würden? Ah, dort! Unter den Ästen der alten Tanne
lag kaum Schnee, dort streute Pauli das Futter aus.

»So, heute können sich die Vögel wieder einmal richtig
satt futtern!«, freute sich Pauli. Als er den leeren Topf zum
Bau zurückbrachte, dachte er an die Rehe.

Die armen Rehe hatten bestimmt auch Hunger! Wie sollten sie im tiefen Schnee Gras und Blätter finden?

»Den Rehen muss geholfen werden!«, sagte Pauli und packte ein dickes Bündel Getreide. Mhmm, wie süß das duftete! Pauli schleppte auch das Getreide zum Waldrand hinüber.

Dabei dachte er an die anderen Waldtiere. Auch das Futter der Wildschweine lag unter dem Schnee, und wenn die Eichhörnchen aus ihrer
Winterruhe aufwachten, würden sie ihre versteckten Vorräte bestimmt
nicht wiederfinden.

Diesmal steckte Pauli Äpfel,
Rüben und Eicheln in sein
rotes Mützchen und rannte
mit flatternden Ohren ein
drittes Mal zur Tanne hinüber.
»Na, Nickel, habe ich das
nicht gut gemacht?«, fragte Pauli.
»Mama und Papa werden mich
loben, wenn ich ihnen erzähle,
dass ich den Tieren geholfen habe.
Und der Weihnachtsmann wird
sich auch freuen!«
Pauli konnte es kaum noch erwarten,
bis seine Familie zurückkam.

Da waren sie schon! »Hallo, Pauli!«, sagte Mama.
»Was hast du denn Schönes gemacht?«
Im selben Moment sah sie durch die offene Speisekammertür
und bemerkte die halb leeren Regale. »Pauli! Um Himmels
willen!«, rief sie erschrocken. »Wo sind denn unsere Winter-
vorräte hingekommen?«
»Die … die … die habe ich den hungrigen Tieren gebracht!«,
stotterte Pauli. »Bist du verrückt geworden?«, schimpfte Max.
»Was sollen denn WIR den Winter über essen?« Daran hatte
Pauli nicht gedacht. Er schaute Hilfe suchend zu Papa:
»Papa, du hast doch gestern selbst gesagt, dass man helfen
und teilen und alle lieb haben soll. Wir hatten so viel und
die Tiere draußen haben gar nichts und da habe ich …«
Pauli stiegen die Tränen in die Augen.

»Huhuhu!«, heulte Lina. »Pauli hat unser ganzes Essen verschenkt und wir müssen alle vor Hunger sterben!«

»Mia auch Hunger!«, piepste die Kleinste.

Und Manni zischte: »Du bist ein Dummkopf!«

»Nein, Manni, das darfst du nicht sagen!«, rief Papa. »Pauli hat es nur gut gemeint. Er hat schon recht, wenn er meint, dass wir viel und die anderen Tiere nichts zu essen haben. Jetzt haben wir geteilt und alles wird wieder gut!«

»Genau!«, sagte Mama. »Es ist alles halb so schlimm! Wenn wir sparsam sind, reichen unsere Vorräte bestimmt bis zum Frühjahr. Das Wichtigste ist, dass wir uns jetzt wieder lieb haben und fest zusammenhalten. Versprochen?«

»Versprochen!«

Die Zeit bis zum Weihnachtsfest verging wie im Flug. Tagsüber war die ganze Familie unterwegs, um Futter zu suchen. Auch die Kinder brachten jeden Bissen nach Hause, ohne zu naschen. Manchmal aß Pauli sein Essen nicht ganz auf, lief zur Tanne hinüber und streute die Reste dort aus. Die Tiere sollten nicht denken, er hätte sie vergessen!

Und dann kam der Heilige Abend. Familie Kaninchen war eben
dabei, den Weihnachtsbaum zu schmücken, als es laut an der
Türe klopfte. Alle horchten. Wer konnte das sein?
»Vielleicht ist es der Weihnachtsmann!«, flüsterte Lina.
Pauli sprang auf und rannte zur Tür. Den Weihnachtsmann
wollte er doch zu gern einmal sehen! Pauli öffnete...

Doch draußen standen Vögel, Rehe, Eichhörnchen und Wildschweine!
Ein Vogel zwitscherte: »Lieber Pauli, wir sind so froh, dass du immer
wieder an uns denkst und uns hilfst. Deshalb wollten wir dir auch ein
kleines Weihnachtsgeschenk bringen.«

Er legte ein Büschel Beeren nieder. »Und im Sommer werden wir Vögel
dir zeigen, wo die süßesten Beeren des Waldes wachsen! Da kannst du
dann sammeln, so viel du nur willst!«

Ein Reh brachte Getreideähren.
»Wir Rehe führen dich zu einer Stelle,
wo schönes wildes Getreide wächst!«
Die Eichhörnchen hatten Pilze mitgebracht:
»Wir Eichhörnchen zeigen dir den
besten Pilzplatz im Wald!«
Und ein Wildschwein rollte einen Apfel
vor Paulis Füße und schnaufte:
»Wir Wildschweine wissen,
wo die saftigsten Wildäpfel wachsen!«

»FRÖHLICHE WEIHNACHTEN, Pauli!«, riefen alle Tiere
im Chor. Dann zogen sie zurück in den Wald.
»Seht nur, was meine Freunde gebracht haben!«,
rief Pauli seiner Familie zu.

Gemeinsam trugen sie die Geschenke hinein und legten sie unter den Weihnachtsbaum. »Mhmm, das gibt einen leckeren Nachtisch für uns!«, sagte Pauli. »Ja!«, lachte Mama. »Ich könnte morgen eine Festtagstorte backen. Mit Äpfeln, Nüssen und Beeren!« – »Mia auch Hunger!«, rief die Kleinste. Pauli steckte ihr eine Beere in den Mund und sagte: »Da, Miamaus. Nächsten Sommer bekommst du noch viel, viel mehr davon. Meine Freunde werden uns zeigen, wo die besten Leckerbissen wachsen! Und wir werden so viel sammeln, dass wir wieder mit den Tieren teilen können, wenn sie im Winter in Not sind! Fröhliche Weihnachten, ihr Lieben!«
»Fröhliche Weihnachten, Pauli!«, riefen alle.

Brüder Grimm · Bernadette

Die Sterntaler

Es war einmal ein kleines Waisenmädchen namens Mathilda. Das Mädchen
war so arm, dass es nichts auf dieser Welt besaß als die Kleider, die es trug,
und ein Stückchen Brot in seiner Manteltasche. Und weil es ganz allein war,
zog es eines Morgens in die weite Welt hinaus.

Nach kurzer Zeit begegnete Mathilda einem armen Mann. Der Mann war
alt und schwach. Als er Mathilda sah, bat er: »Ach bitte, liebes Kind,
gib mir etwas zu essen, meine Frau und ich sind am Verhungern!« Da reichte
Mathilda ihm bereitwillig ihr letztes Stückchen Brot.
»Gott segne's dir«, sagte der arme Mann.

Mathilda aber ging weiter. Nach einer Weile kam ein rauer Wind auf und blies über die weite Ebene. Da sah Mathilda einen kleinen Jungen des Weges kommen. Er zitterte vor Kälte und sagte zu Mathilda: »Es friert mich so an meine Ohren. Bitte schenk mir etwas, womit ich meinen Kopf bedecken kann.«

Da nahm Mathilda ihre warme Mütze ab und gab sie dem kleinen
Jungen. Dann ging sie weiter, durch Wälder und durch Wiesen und
vorbei an Bauernhöfen.

Der Wind trieb dunkle Wolken über den Himmel, und bald begann es zu regnen. Doch Mathilda ging weiter. Gegen Mittag kam wieder ein armer Junge des Weges. Er trug keinen Mantel und zitterte vor Kälte.

Mathilda hatte Mitleid mit ihm. Sie zog ihren Mantel aus und legte ihn dem Jungen über die Schultern. Der kleine Junge hörte auf zu zittern und lächelte Mathilda dankbar an.

Am späten Nachmittag legte sich der Wind und die Sonne kam hervor.
Ein Regenbogen spannte sich über den Himmel, und das grüne Gras
und die Blumen leuchteten im Sonnenlicht.
Mathilda war sehr hungrig und sah sich nach etwas Essbarem um.
Sie musste nicht lange suchen: Genau vor ihr wuchs ein Strauch mit
süßen Beeren. Und gleich daneben stand ein wilder Apfelbaum,
dessen Zweige voll beladen waren mit reifen Äpfeln. Mathilda aß,
bis sie satt war. Danach lief sie weiter.

Allmählich wurde es dunkel. Die Schatten der Bäume und Sträucher wurden immer länger.

Da stieß Mathilda auf eine einsame Hütte. Neben dem Gartentor stand ein Mädchen, das genauso groß war wie Mathilda. Das Mädchen sah verzweifelt aus: »Bitte gib mir dein Kleid«, bat es. »Der Wind hat meines zerfetzt, und jetzt habe ich nichts mehr anzuziehen als dieses dünne Tuch.«

Ohne zu zögern, zog Mathilda ihr altes und abgetragenes Kleid aus und schenkte es dem Mädchen.

Nachdem die Sonne untergegangen war, kam Mathilda zu einem riesigen
Wald. Lange, dunkle Schatten fielen auf den Pfad, der sich zwischen
Büschen und mächtigen Bäumen hindurchschlängelte. Über Mathildas
Kopf ächzten und stöhnten die Äste im Wind.
Doch Mathilda fürchtete sich nicht und lief guten Mutes weiter.

Sie lief weiter, in den Wald hinein. Nach einer Weile sah sie deutlich einen
Weg vor sich, der links und rechts von Glühwürmchen beleuchtet wurde.
Da kam ihr eine arme Familie entgegengelaufen. Die Menschen sahen müde
und erschöpft aus. Die Mutter trug ein Baby in den Armen, und vor ihr ging
ein älteres Kind, das bloß mit einem Schultertuch bekleidet war.
»Ach bitte«, sagte das Kind zu Mathilda, »ich friere so, bitte gib mir etwas,
womit ich mich bedecken kann.«

Mathilda dachte sich: »Es ist dunkle Nacht, da sieht mich niemand, da kann ich wohl mein Hemdchen weggeben.« Sie zog das Hemd aus und gab es dem Kind. Jetzt hatte sie gar nichts mehr anzuziehen.

Und wie Mathilda so dastand, in der kalten Nacht, fielen unzählige Sterne vom Himmel, die sich sogleich in glänzende Silbermünzen verwandelten. Und obgleich Mathilda erst gerade ihr letztes Hemd weggegeben hatte, trug sie jetzt ein neues Kleid aus feinstem Gewebe. Glücklich sammelte Mathilda die Silbermünzen ein und steckte sie in die Taschen ihres Kleides. Von dieser Nacht an musste Mathilda nie mehr Not leiden.

Bruno Hächler · Friederike Rave

Annas Wunsch

Viele Jahre schon hatte es nicht mehr geschneit.
Wenn der stürmische Herbstwind die Blätter
von den Bäumen blies, legte sich der Nebel auf
die Stadt wie ein graues Tuch.
Zuerst dachten sich die Leute nichts dabei.
Erwartungsvoll stellten sie ihre Schneeschaufeln
neben die Haustüren.

Ihre Kinder malten Bilder von freundlichen Schnee-
männern und stiebenden Schlittenfahrten.
Doch als die ersten Schneeglöckchen aus der Erde
trieben, trugen sie ihre Schaufeln zurück in den Keller.
Sie freuten sich auf den Frühling.

Mit der Zeit jedoch wunderten sich die Leute.
Jeden Winter blickten sie besorgter zum Himmel.
Doch es schneite nicht.
Da wurden auch die Gesichter der Menschen grau,
und sie vergaßen, wie es gewesen war, als der Schnee
noch jeden Winter ihre Stadt verzaubert hatte.

Eines Tages geschah etwas Seltsames. Es begann damit,
dass ein kleines Mädchen mit seiner Mutter durch die
Straßen spazierte. Anna hieß es.
Vor dem weihnachtlich geschmückten Bäckerladen spürte
Anna plötzlich etwas unbeschreiblich Feines, Kühles auf
ihrer Wange. Bevor sie es richtig wahrgenommen hatte,
war es wieder verschwunden.

Eine Woche später passierte es erneut. Anna war gerade
an der Bäckerei vorbeigelaufen, als etwas unbeschreiblich
Feines, Kühles ihre Wange berührte.
Verdutzt blieb sie stehen. Da bemerkte Anna im Schaufenster
ein schneeweißes Holzpferdchen. Seine Augen funkelten.
Und selbst der Puderzucker auf dem Kuchen glitzerte geheim-
nisvoll. Eine richtige Schneelandschaft.

»Wie ist Schnee, Mama?«, fragte Anna.

Die Mutter stellte ihre Einkaufstasche auf den Boden. Es war lange her, dass sie Schnee gesehen hatte. Sie war damals ein kleines Mädchen gewesen wie Anna.

»Schnee ist – weiß und kalt«, antwortete sie zögernd.

»Wie noch?«

»Schneeflocken sehen aus wie Sterne. Keine gleicht der anderen...«

»Weiter. Erzähl weiter!«, bettelte Anna.

»Oh, Schnee ist wunderbar«, strahlte jetzt die Mutter. »Früher haben wir ganze Nachmittage draußen herumgetollt. Wir haben Schneemänner mit runden Bäuchen und Rübennasen gebaut, haben Schneebälle geworfen oder uns in Schneehöhlen versteckt. Wenn es sehr kalt war und der Weiher am Stadtrand gefroren, sind wir auf ihm Schlittschuh gelaufen. Das war ein Spaß.«

»Wenn es doch nur wieder einmal schneien würde«, sagte Anna.

Zu Hause schlich sich Anna in den Keller. Zuhinterst in der Ecke entdeckte sie, was sie suchte. Verstaubt und ramponiert lehnte der alte Holzschlitten an der Wand. Anna packte ihn mit beiden Händen, trug ihn die steile Kellertreppe hoch.

In ihrem Zimmer wischte sie den Staub von seinen Latten.
Anna setzte sich auf den Schlitten und streckte die Füße
in die Luft. Sie legte sich auf den Bauch. Sie stellte sich vor,
einen verschneiten Hügel hinunterzujagen. Immer schneller,
bis sie nicht mehr bremsen konnte. Lachend ließ sie sich
vom Schlitten fallen und purzelte auf den Teppich.
In dieser Nacht träumte Anna, sie wäre eine Schneeflocke.

Ungeduldig lief sie am Morgen ans Fenster. Doch es schneite nicht. Die Stadt war grau wie stets. Auch an diesem Tag lief Anna wieder am Bäckerladen vorbei. Da berührte etwas unbeschreiblich Feines, Kühles ihre Wange. Anna drückte ihre Nase an die Schaufensterscheibe. Das Holzpferdchen stand immer noch da. Lange schaute Anna in seine funkelnden Augen. Und während Anna in seine Augen schaute, wünschte sie sich, dass es schneite. Noch nie im Leben hatte sie sich etwas so fest gewünscht.

Winzigen Sternen gleich schwebten Annas Wünsche hoch
zum Rand des Himmels, wo sie zu Eiskristallen gefroren...

… und fielen. Sie fielen sacht. Sie hatten keine Eile.
Ständig wurden es mehr. Hunderte. Tausende.
Hunderttausende. Sie fielen nieder auf die Stadt,
deckten Häuser, Straßen, Bäume und Büsche zu.

Die Menschen rannten aus den Häusern. Jemand rief:
»Fröhliche Weihnachten!«, obwohl noch gar nicht
Weihnachten war. Bald schon hörte man das Kratzen der
Schneeschaufeln vor den Hauseingängen. Und in einem
schmalen Garten rollte ein Kind einen Schneeball zu einem
dicken Schneemannbauch.

Es schneite und schneite und wollte
nicht mehr aufhören.
Anna stand immer noch vor der Bäckerei.
Glücklich betrachtete sie das Holzpferdchen.
Seine Augen funkelten.
Auf den puderzuckerweißen Kuchen
lag ein geheimnisvoller Glanz.

Anna zog ihre Mütze tief über die Ohren. Fröhlich machte
sie sich auf den Heimweg, um den Schlitten zu holen.
Und durch die verschneiten Straßen klang ein helles Lachen.

Pirkko Vainio

Beni
und das
Weihnachtslicht

Heute ist etwas anders als sonst. Beni, der kleine Hase, steckt neugierig sein Näschen in die kalte Winterluft. Auf einem Ast zwitschern vier Vögel aufgeregt durcheinander. »Weshalb seid ihr so aufgeregt?«, fragt Beni. »Weißt du denn nicht«, rufen die Vögel, »dass heute Weihnachten ist?« »Weihnachten?« Nein, von Weihnachten hat Beni noch nie gehört. Dazu ist der kleine Hase noch viel zu jung. »Du wirst schon sehen«, zwitschern die Vögel, »Weihnachten ist die hellste Nacht von allen!« Und noch bevor Beni weiterfragen kann, sind sie davongeflogen.

Beni wird mit einem Mal ganz traurig. »Was ist denn mit
dir los?«, fragt Dora, das Reh. »Du siehst betrübt aus.«
»Bin ich auch«, sagt Beni. »Die Vögel haben mir erzählt,
dass heute Weihnachten ist, und ich weiß nicht mal,
was das zu bedeuten hat.« – »Weihnachten ist die hellste
Nacht von allen«, erklärt Dora wichtig.

»Aber hier ist doch alles dunkel.« Beni schaut sich um.
»Ich kann weit und breit kein Licht sehen.« – »Stimmt«,
wundert sich Dora. »Weißt du was? Vielleicht sollten wir
jemanden fragen.«

Doch bevor sie sich überlegt haben, wen sie fragen könnten, taucht
ein großes Tier in der Dunkelheit auf. Der Wolf.

Beni und Dora erschrecken sehr. »Oh, nein, ihn fragen wir besser nicht«,
flüstert Beni, »sonst frisst er uns womöglich noch auf.«

Der Wolf hat gehört, was Beni gesagt hat. »Fürchtet euch nicht«, beruhigt
er Beni und Dora mit freundlicher Stimme. »Heute ist Weihnachten.
In dieser Nacht wird niemand gefressen.« Das macht Beni Mut.

»Weißt du, wo das Licht ist, von dem alle reden?«, fragt er den Wolf.

»Leider nein«, seufzt der Wolf. »Aber ich will euch gerne auf eurer
Suche begleiten.«

Während die Tiere laufen, beginnt es zu schneien. Nach einer Weile sieht Beni in der Ferne zwei kleine Lichter. »Das Weihnachtslicht! Endlich!«, ruft er voller Freude. So schnell sie können, laufen sie auf die beiden Lichter zu. Doch als sie näher kommen, verwandeln sich die beiden Lichter in zwei Augen, die sie beobachten.

»Das sind keine Weihnachtslichter«, sagt der Wolf. »Das sind die Augen der Eule.«

»Eulen sind sehr klug«, flüstert Dora. »Vielleicht kann sie uns verraten, wo wir das Licht finden.«

»Sicher kann ich euch helfen«, sagt die Eule und schwingt sich hoch in die Luft, um sich von dort einen besseren Überblick zu verschaffen. »Folgt mir!«, ruft sie aufgeregt. »Am Horizont kann ich ganz deutlich ein Licht erkennen.«

Nun haben es die Tiere sehr eilig. Beni kann ihnen kaum folgen.
Für einen kleinen Hasen ist es nicht einfach, durch den hohen Schnee
zu hoppeln. Beni läuft, so schnell er kann, durch den Schnee und
übersieht dabei ein großes, schwarzes Loch.

»Hilfe!« Zu spät. Der kleine Hase fällt in das Loch und landet auf
etwas Großem und Weichem. Dem Bären. »Tschuldigung ... ich wollte
dich nicht stören.« Beni zittert vor Angst.
Doch auch der Bär ist heute freundlich gestimmt. »Sag, ist heute nicht
Weihnachten?«, brummt er schläfrig. »Ja«, sagt Beni. »Und meine
Freunde und ich suchen das Weihnachtslicht.«

Bald darauf macht sich auch der Bär mit Dora, dem Wolf und der Eule
auf den Weg, um das Weihnachtslicht zu suchen. Und weil Beni schon
ein bisschen müde ist, darf er auf dem großen, braunen Rücken des
Bären reiten. Neugierig reckt er den Hals.

»Ich glaube, ich sehe ein Licht hinter den Bäumen!«,
ruft Beni aufgeregt. Inzwischen hat es aufgehört
zu schneien, und am Himmel leuchten tausend Sterne.
»Dorthin müssen wir!«, ruft die Eule und fliegt,
so schnell sie kann.

Endlich erreichen die Tiere den Waldrand. Vor ihnen liegt ein tief
verschneites Tal. Eine Schafherde macht sich auf den Weg zu ihrem Stall.
»Ist das alles?«, fragt Beni enttäuscht.

Ganz hinten im Tal steht ein kleiner Stall. Doch dann – je näher sie zum Stall kommen – wird es immer heller. Unzählige kleine Laternen leuchten ihnen den Weg. Beni reibt sich die Augen. Neben dem Eingang des Stalls stehen geschmückte Bäume. »Hier ist alles hell«, freut sich Beni.

Jetzt sieht Beni die Vögel, die ihm von Weihnachten erzählt haben.
»Das Christkind ist geboren!«, zwitschern die vier Vögel.
Durch die halb geöffnete Stalltür dringt ein warmer Schein.
Neugierig steckt Beni sein Näschen durch den Spalt.

Dora, der Wolf, die Eule und sogar der große Bär folgen ihm in
den Stall. Alles ist erfüllt von warmem Licht. In der Mitte des Stalls
steht die Krippe mit dem neugeborenen Kind.
»Es ist so klein, noch viel kleiner als ich«, flüstert Beni.
Und für sich denkt er: »Vielleicht wird dieses Kind, wenn es groß
ist, all sein Licht in die Welt hinaustragen.« Aber davon verrät Beni
niemandem etwas. Er weiß, dass er nur ein kleiner Hase ist und
noch nicht viele Dinge kennt. Aber das macht nichts, denn in dieser
Nacht hat Beni das Weihnachtslicht gefunden.

Udo Weigelt · Cristina Kadmon

Wach auf, kleiner Bär, Weihnachten ist da!

Es war Frühling geworden. Schnee und Eis waren geschmolzen, die Sonne schien, und alle Tiere waren fröhlich, weil es endlich wieder warm war. Alle Tiere – außer der kleine Bär.

116

»Wie war Weihnachten?«, fragte er gleich als Erstes das Eichhörnchen. Bären halten Winterschlaf, und deshalb hatte der kleine Bär Weihnachten verschlafen.

»Weihnachten«, sagte das Eichhörnchen, »Weihnachten war schön. Alle Tiere haben zusammen gefeiert und Lieder gesungen.«

»Und ich war nicht dabei«, seufzte der kleine Bär.

Als Nächstes fragte er den Hasen, wie Weihnachten gewesen war.
»Toll-toll-toll!«, rief der Hase im Vorbeihoppeln. Der Hase hatte
nie viel Zeit. »Alle Tiere haben einander Geschenke gemacht!«,
rief er noch, bevor er im Gebüsch verschwand.
»Und ich war nicht dabei«, maulte der kleine Bär.

Dann traf der kleine Bär noch den Biber und fragte auch ihn,
wie Weihnachten gewesen war.

»Weihnachten?«, sagte der Biber und setzte sich auf.

»Also an Weihnachten hat mir am besten gefallen, dass sich
alle Tiere Geschichten erzählt haben!«

»Und ich war wieder nicht dabei«, murrte der kleine Bär.

Der kleine Bär ging zur großen Bärin.

»Es ist nicht gerecht!«, beschwerte er sich. »Ich will auch Weihnachten feiern, alle feiern Weihnachten, nur ich nicht!«

»Aber Bären halten nun einmal Winterschlaf«, sagte die große Bärin. »Und dabei verschlafen sie eben Weihnachten. Das kann man nicht ändern.«

»Aber gerecht ist es nicht!«, beharrte der kleine Bär.

Der Igel, bei dem sich der kleine Bär auch beklagte, zuckte
bloß mit den Stacheln.

»Es stimmt schon«, sagte er, »Igel halten ja auch Winterschlaf
und können deshalb nie Weihnachten feiern, genau wie
Bären. Aber dafür haben wir ein Igelfest! Möchtest du vielleicht
kommen?«

Doch der kleine Bär wollte nicht zum Igelfest. »Ich will Weihnachten feiern!«, quengelte er. »Sonst will ich gar nichts.«

Und so ging es weiter. Der kleine Bär quengelte im Frühjahr, er quengelte im Sommer, und er quengelte im Herbst.

Die Tiere mochten schon gar nichts mehr von Weihnachten hören oder sehen oder etwas davon erzählen!

»Weißt du was, kleiner Bär«, sagte die große Bärin zuletzt,
»es hilft nun einmal nichts, Bären feiern nie Weihnachten.
Aber inzwischen hast du so viel darüber erfahren, dass du
bestimmt sehr schön davon träumen kannst. Und das ist
doch besser als nichts!«
Der kleine Bär musste ihr recht geben. Also nahm er sich
ganz fest vor, wenigstens von Weihnachten zu träumen.

Wieder verloren die Bäume die Blätter, und es wurde kalt.
Der kleine Bär war schon nicht mehr ganz so klein. Aber er
war genauso müde wie im letzten Winter.
Deshalb rollte er sich in der Höhle ein und dachte, so fest er
konnte, an Weihnachten... und an die anderen Tiere... und an
die Geschichten... und dann schlief er ein.

Und tatsächlich: Nach einer Weile fing der kleine Bär an,
von Weihnachten zu träumen. Alle Tiere waren da und
warteten vor seiner Höhle auf ihn, um mit ihm Weihnachten
zu feiern. Und da waren auch die Geschenke, und der Wald
war seltsam hell. Nur eines war noch seltsamer: Plötzlich
läutete es laut, wie von den Kirchenglocken unten im Dorf,
und jemand schüttelte ihn und rüttelte ihn...

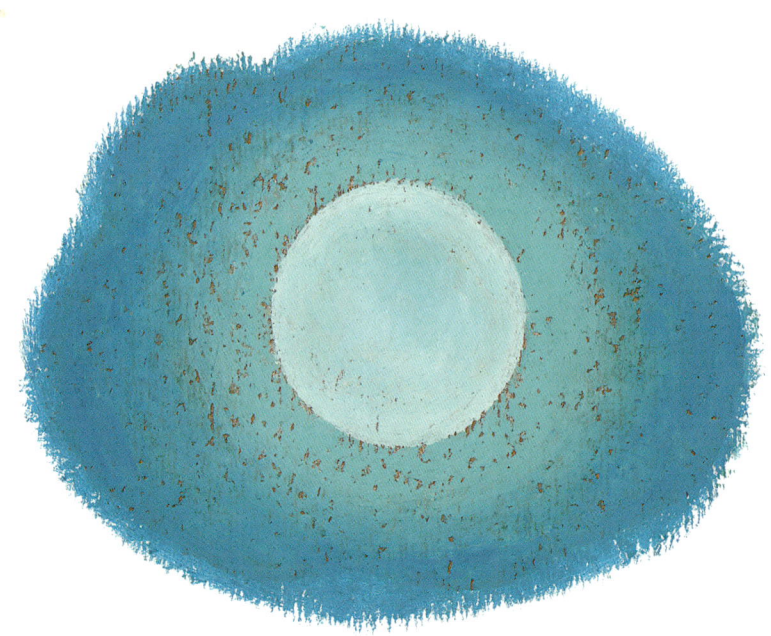

… bis der kleine Bär aufwachte: Die Tiere hatten an ihn gedacht und waren wirklich alle zu seiner Höhle gekommen!

Auch der Igel. Sogar die große Bärin war wach und nahm ihn in die Arme. Obwohl sie bestimmt ebenso müde war wie er, sang sie mit den anderen Tieren zusammen Lieder. Dann erzählten alle Geschichten, und für jeden gab es ein Geschenk.

Und seltsam: Der Wald war wirklich ganz hell, genau so wie im Traum des kleinen Bären. Vielleicht kam das vom Mondlicht auf dem Schnee. Aber vielleicht auch nicht.

Dann gingen die Tiere nach Hause.

»Jetzt hast du ja doch einmal Weihnachten gefeiert«, sagte die
große Bärin.

»Das stimmt!«, freute sich der kleine Bär. »Diesmal war ich dabei.
Und es war sogar noch schöner, als ich gedacht habe.«

Er rollte sich bei der großen Bärin ein. Aber diesmal träumte er
nicht von Weihnachten. Dieses Mal träumte er vom Eichhörnchen,
vom Igel, vom Hasen und vom Biber.

Und vom Frühling.

138

Quellenverzeichnis

Weitere Sammelbände
im NordSüd Verlag erhältlich

Bernadette
Die schönsten Märchen der Brüder Grimm
Eine Sammlung von Bernadettes schönsten Klassikern
ISBN: 978-3-314-01511-3

Hans Fischer
Im Märchenland
Mit dem Lumpengesindel, dem gestiefelten Kater
und vielen weiteren Märchenklassikern
ISBN: 978-3-314-01593-9

Frohe Ostern! Mit den fünf schönsten Ostergeschichten
Garant für ein kunterbunt-fröhliches Osterfest
ISBN: 978-3-314-10073-4

Mein liebster Geschichtenschatz
Die 10 schönsten Bilderbücher zum Träumen
Große Abenteuer mit dem Regenbogenfisch, dem kleinen Eisbären
und anderen Bekannten aus dem NordSüd-Programm
ISBN: 978-3-314-10046-8